TA MÈRE

LES BLAGUES CULTE

MARABOUT

Ta mère est tellement moche que quand on l'a vue, on a inventé la cagoule.

Ta mère est tellement petite que, quand elle va dans l'herbe, ça lui chatouille les aisselles.

Ta mère est tellement grosse qu'elle fait de l'acuponcture avec des aiguilles à tricoter.

Ta mère est tellement grosse qu'il y a un décalage horaire entre ses deux fesses.

Ta mère a les cheveux tellement gras que ses poux se prennent pour Candeloro.

Ta mère est tellement bête qu'elle croit que, Balladur, c'est un Walkman.

Ta mère

est tellement grosse que, quand elle passe devant la télé, tu loupes trois émissions.

Ta mère

est tellement bête que, pour s'acheter un magnétoscope, elle a vendu sa télévision.

Ta mère est tellement poilue qu'elle se sert d'une tondeuse à gazon pour se raser les jambes.

Ta mère est tellement sadique qu'elle t'enferme avec la collection complète de *Playboy* dans un cagibi tout noir.

Ta mère est tellement grosse qu'elle embauche un jardinier comme coiffeur, un menuisier comme pédicure, et un peintre en bâtiment comme maquilleur.

Ta mère est tellement bête qu'elle croit que, « nymphomane », c'est un super-héros.

Ta mère est tellement poilue que, quand elle promène le chien, c'est elle qu'on caresse.

Ta mère est tellement sadique qu'elle a fixé la balançoire contre un mur.

Ta mère est tellement poilue qu'on la prend pour Chewbacca.

Ta mère cause tellement que, le seul qui peut avoir le dernier mot avec elle, c'est l'écho.

Ta mère est tellement grosse que, quand elle prend un bain, ce n'est pas l'eau qui remplit la baignoire.

Ta mère
est tellement grosse que, quand elle traverse la rue, ce sont les voitures qui ont peur de se faire écraser.

Ta mère est tellement barbue qu'on lui commande des jouets à Noël.

Ta mère est tellement bête que, quand tu lui as demandé un PC pour Noël, elle t'a offert Robert Hue.

Ta mère est tellement bête que, sur un formulaire où il y avait écrit : « Ne rien écrire sous cette ligne », elle a écrit « D'accord ».

Ta mère est tellement grosse que, quand elle s'habille en jaune à New York, on la prend pour un taxi.

Ta mère a tellement peu de dents qu'on croirait que sa langue est en prison.

Ta mère est tellement mauvaise cuisinière que, quand elle demande à un invité ce qu'il pense de son plat, il répond : « J'en ai déjà eu sous le pied, mais j'avais jamais goûté avant… »

Ta mère est tellement grosse que, lorsqu'elle se baigne, les baleines se mettent en rond autour d'elle et chantent : « We are family ».

Ta mère est tellement bête qu'elle croit que Robert Hue est l'inventeur de la colle.

Ta mère chante tellement faux que la pluie remonte dans les nuages.

Ta mère a les cheveux tellement courts qu'elle est obligée de sourire pour se faire une queue de cheval.

Ta mère est tellement grosse que, dès qu'elle se met à parler, tout le monde dit : « Oh mon Dieu, une baleine qui parle ! »

Ta mère est tellement bête que, quand elle ne trouve pas la réponse à une question, elle donne vraiment sa langue au chat.

Ta mère est tellement pauvre qu'elle s'est mariée juste pour le riz.

Ta mère est tellement myope que même le pare-brise de sa voiture est un verre correcteur.

Ta mère est tellement grosse que, quand on voit un bateau flotter, ça veut dire qu'elle n'est pas dedans.

Ta mère est tellement petite que, quand elle s'habille en bleu, on la prend pour un Schtroumpf.

Ta mère est tellement grosse que, quand elle tombe du lit, elle tombe des deux côtés.

Ta mère est tellement bête que, quand elle va au restaurant, elle paye avec sa carte Vitale.

Ta mère est tellement pauvre que, quand, l'autre jour, je lui ai demandé pourquoi elle jetait de l'argent dans le caniveau, elle m'a répondu que c'était pour payer le loyer.

Ta mère est tellement grosse que, quand elle est partie à la mer et qu'elle s'est baignée, un satellite a cru découvrir une nouvelle île.

TA MÈRE

est tellement bête qu'elle croit qu'un cunnilingus est un nuage.

Ta mère est tellement pauvre qu'elle gratte les tickets de bus.

Ta mère est tellement grosse que, quand un bus la percute, elle se retourne et dit : « Qui m'a jeté un caillou ? »

Ta mère est tellement bête qu'elle attend que les poissons aient fini l'eau du bocal avant de la changer.

Ta mère est tellement vieille que, quand on lui demande de se comporter comme une personne de son âge, elle meurt.

Ta mère pue tellement que ton père préfère dormir dans les toilettes.

Ta mère est tellement grosse que, la dernière fois qu'elle est allée au marché, le maraîcher lui a dit : « Hey, sortez les pastèques de votre T-shirt ! »

Ta mère est tellement bête qu'elle croit que son poisson rouge est timide.

Ta mère est tellement vieille que, quand Moïse a traversé la mer, elle était de l'autre côté en train de pêcher.

TA MÈRE est tellement grosse que, quand elle passe devant le soleil, tout le monde dit : « Oh ! Une éclipse ! »

Ta mère est tellement bête qu'elle est persuadée que Hong Kong est un grand singe.

Ta mère est tellement vieille qu'elle écrit sa date de naissance en chiffres romains.

Ta mère est tellement grosse que, dès qu'elle pose le pied sur un rail de chemin de fer, les barrières des passages à niveau s'abaissent.

Ta mère est tellement bête que, quand elle a rencontré Philippe Séguin, elle lui a demandé des nouvelles de sa chèvre.

Ta mère est tellement vieille que, dans sa première photo de classe, on voit Jésus.

Ta mère est tellement grosse que, quand elle saute de joie, elle descend d'un étage.

Ta mère est tellement bête qu'elle croit que l'euthanasie, c'est le fief des néofascistes.

Ta mère est tellement maigre que, si elle pète, elle s'envole.

Ta mère est tellement grosse que, quand elle porte un chandail vert et blanc, on la prend pour un terrain de foot.

Ta mère est tellement bête qu'elle croit que l'élection du président, c'est un test entre les camemberts.

TA MÈRE est tellement plate qu'on a dû tatouer « DEVANT » sur son torse.

Ta mère est tellement grosse que, quand je l'ai vue chez Hippopotamus, je me suis dit : « Tiens, l'enseigne est tombée ! »

Ta mère est tellement bête qu'elle était toute contente quand Gilbert Montagné lui a dit qu'elle était belle.

Ta mère pue tellement de la gueule qu'on lui raccroche au nez quand elle téléphone.

Ta mère est tellement maigre que, si elle s'habille en orange et qu'elle se teint les cheveux en vert, on dirait une carotte.

Ta mère est tellement grosse que, quand elle va au restaurant, on ne lui donne pas un menu mais un devis.

Ta mère est tellement maigre qu'elle tricote avec ses doigts.

Ta mère est tellement bête que, quand tu lui dis : « Jamais 2 sans 3 ! », elle s'arrête à 202.

Ta mère est tellement grosse que, quand elle laisse traîner un string, tout le monde se demande qui a oublié sa corde à sauter ?

Ta mère est tellement bête qu'elle ne sort plus sans son flingue, depuis qu'on lui a dit que son immeuble était en béton armé.

Ta mère est tellement plate qu'on pourrait la faxer.

Ta mère est tellement grosse que, quand elle regarde par terre, elle voit un de ses mentons.

Ta mère est tellement bête que, quand je lui ai dit que j'avais une prothèse, elle m'a félicité pour mes examens.

Ta mère est tellement radine que, quand tu lui mets un coup de pied au cul, elle serre très fort les fesses pour te voler ta basket.

Ta mère est tellement grosse que, quand elle porte un panier, les gens la prennent pour une montgolfière.

Ta mère est tellement bête qu'elle va à la Caisse d'Épargne pour ouvrir des noisettes.

Ta mère est tellement radine que, quand elle va aux toilettes, elle utilise les deux côtés du papier toilette.

Ta mère est tellement grosse que, quand on la chatouille, les sismographes enregistrent des secousses.

Ta mère est tellement bête que, quand l'escalator est en panne, elle reste bloquée pendant trois heures.

Ta mère est tellement radine que, dans la rue, elle imite le cri des pigeons pour qu'on lui donne du pain.

Ta mère est tellement grosse que, quand elle fait du camping sauvage, les ours doivent cacher leur nourriture.

Ta mère est tellement bête qu'elle croit que Silicon Valley est l'endroit où on se fait refaire les seins.

Ta mère est tellement radine que je l'ai vue fouiller une poubelle avec sa liste de courses.

Ta mère est tellement grosse que la marque de ses vêtements n'est plus « Petit Bateau », mais « Gros Paquebot ».

Ta mère est tellement bête que, quand on lui demande ce qu'elle pense du boom démographique, elle dit : « J'ai rien entendu. »

Ta mère est tellement vieille que sa bible est dédicacée.

Ta mère est tellement grosse que, pour la voir entièrement, on doit reculer de trois pas.

Ta mère est tellement bête qu'elle croit que « X-Men » est un acteur porno.

TA MÈRE est tellement vieille qu'elle a le numéro de portable d'Adam et Ève.

Ta mère est tellement grosse que, lorsqu'elle fait du saut à l'élastique, c'est l'élastique qui a peur de sauter.

Ta mère est tellement bête que, quand elle voit des « Cheerios », elle dit que ce sont des graines de beignets.

Ta mère est tellement vieille que, quand elle pète, ça fait de la poussière.

Ta mère est tellement grosse qu'elle n'a que des relations à distance.

Ta mère est tellement bête qu'elle s'inquiète que ses règles ne soient pas bleues comme dans la pub TV.

TA MÈRE est tellement vieille que les bougies coûtent plus cher que son gâteau.

!

TA MÈRE est tellement grosse que, quand elle traverse la route, les automobilistes pensent que c'est un nouveau rond-point.

Ta mère est tellement moche qu'à sa naissance ils ont mis des vitres teintées sur sa couveuse.

Ta mère est tellement ridée que, chez Auchan, ils la prennent pour un code-barres.

Ta mère est tellement grosse que, quand elle se penche au balcon, les passants se prennent ses seins dans la gueule.

Ta mère est tellement moche que, quand elle fait du naturisme, on l'oblige à se mettre une feuille de vigne sur le visage.

Ta mère est tellement maigre que, quand elle oublie ses clés, elle passe sous la porte.

Ta mère est tellement grosse que, même de dos, elle a du ventre.

Ta mère est tellement moche que, quand elle a vu *E.T.*, elle a cru que c'était un film sur son enfance.

!

Ta mère est tellement maigre que, quand elle bouffe une olive, on croit qu'elle est enceinte.

Ta mère est tellement grosse que, quand elle met un T-shirt « X-files », les hélicoptères se posent dessus.

Ta mère est tellement moche que, quand elle va chez le boucher, il croit que ce sont ses commandes qui arrivent.

Ta mère est tellement maigre que, quand elle fait pipi, le jet la propulse en l'air.

Ta mère est tellement grosse que, sa taille de ceinture, c'est l'équateur.

Ta mère est tellement moche que, quand elle est née, le médecin lui a jeté un coup d'œil et a donné une fessée à ses parents.

Ta mère est tellement grande et maigre qu'on l'a embauchée dans un club de striptease... comme barre de fer.

Ta mère est tellement grosse qu'elle prend ses cachets avec de la mayonnaise.

Ta mère est tellement moche que c'est elle qui fait pleurer les oignons quand elle les épluche.

Ta mère est tellement plate que, pour te donner le sein, elle demandait à ton père.

Ta mère est tellement grosse qu'après avoir lu le menu au restaurant elle dit : « OK ».

Ta mère a tellement moche que ton chien ne veut plus pisser dessus, de peur qu'on dise qu'elle lui appartient.

TA MÈRE est tellement méchante que, quand elle marche dans la rue, les pitbulls changent de trottoir.

Ta mère est tellement grasse qu'elle sue des rillettes.

Ta mère est tellement moche qu'elle a fait un infarctus en se regardant dans un miroir.

Ta mère est tellement petite que, quand elle a ses règles, elle se prend les pieds dans le fil de son tampon.

Ta mère est tellement grosse que, quand elle se baigne dans la mer du Nord, elle inonde les Pays-Bas.

Ta mère est tellement moche qu'à sa naissance on a hésité entre un berceau et une cage.

Ta mère est tellement grosse que son nombril est sorti pour faire de la place.

Ta mère tremble tellement qu'on dirait qu'elle n'a pas le décodeur.

Ta mère est tellement moche que, lorsqu'elle était petite, on lui attachait un jambon autour du cou pour que le chien veuille bien jouer avec elle.

Ta mère est tellement petite que, quand elle voit un chien, elle pense que c'est le cheval de Troie.

Ta mère est tellement grosse que même Guy Carlier fait maigre à côté d'elle.

TA MÈRE est tellement moche qu'elle n'a pas besoin de se déguiser pour Halloween.

Ta mère est tellement grande que, quand on la voit de loin, on croit qu'elle est tout près.

Ta mère est tellement lourde que, quand elle met des talons aiguilles, elle trouve des puits de pétrole.

Ta mère est tellement moche que, quand elle va sur son balcon, les pigeons la prennent pour une gargouille.

Ta mère
pue tellement
que, quand
elle pète,
ça sent bon.

Ta mère
mange
tellement
de cacahuètes
que, quand
elle chie,
ça fait des
Snickers.

Ta mère est tellement
moche que, lorsqu'elle
sort du zoo, on vérifie
les cages.

Ta mère est tellement moche que son médecin, c'est un vétérinaire.

Ta mère tellement petite que sa tête pue des pieds.

Ta mère tire tellement la gueule qu'on ne peut même plus l'appeler « La vache qui rit ».

Ta mère
tellement bête
que quand elle
est du même
avis que moi,
j'ai l'impression
de m'être
trompé.

Ta mère
est tellement
poilue qu'elle
doit se peigner
le bras pour
regarder
sa montre.

Ta mère est tellement moche
que quand ils la voient,
les cannibales préfèrent
se bouffer entre eux.

Édité par Hachette Livre (43, quai de Grenelle 75905 Paris Cedex 15).
Imprimé en Espagne par Cayfosa pour le compte des éditions Marabout.
Dépôt légal : Septembre 2012.
ISBN : 978-2-501-08014-9
41.1334.6
Édition 01